Impressum
Verlag: BABADADA GmbH, Nedderfeld 112 , 22529 Hamburg
Geschäftsführer / Verlagsleitung: Harald Hof
Druck: Books on Demand GmbH, In de Tarpen 42, 22848 Norderstedt

Imprint
Publisher: BABADADA GmbH, Nedderfeld 112 , 22529 Hamburg, Germany
Managing Director / Publishing direction: Harald Hof
Print: Books on Demand GmbH, In de Tarpen 42, 22848 Norderstedt

мактаб

école

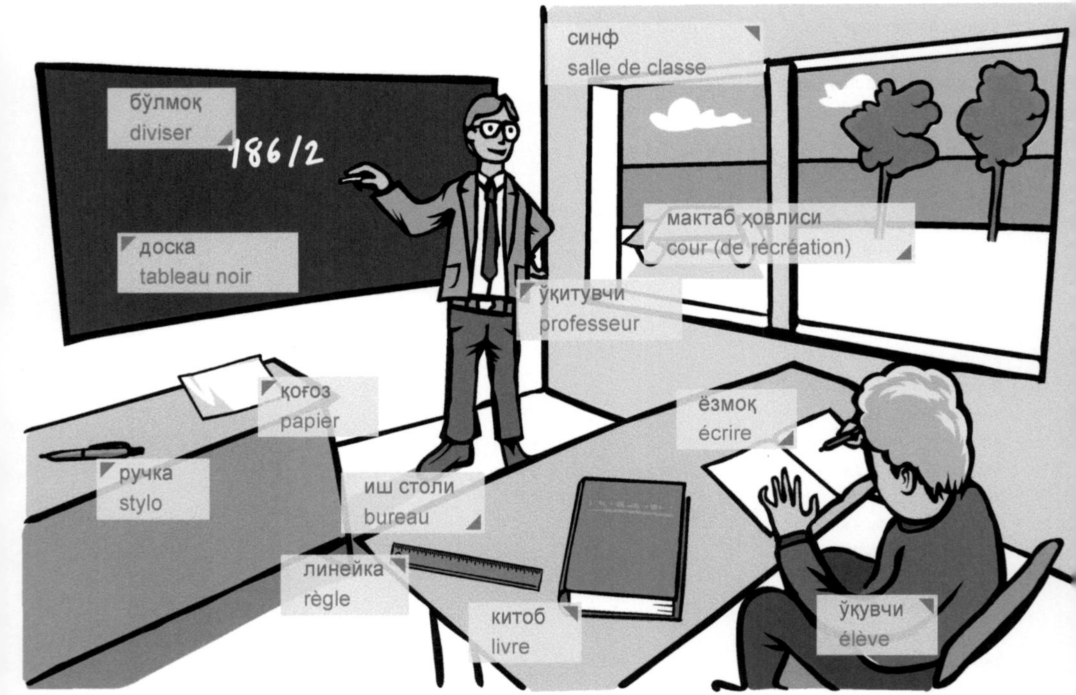

синф
salle de classe
бўлмоқ
diviser
186/2
доска
tableau noir
мактаб ҳовлиси
cour (de récréation)
ўқитувчи
professeur
қоғоз
papier
ёзмоқ
écrire
ручка
stylo
иш столи
bureau
линейка
règle
китоб
livre
ўқувчи
élève

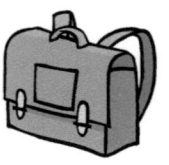

осма сумка

cartable

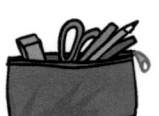

қаламдон

trousse

қалам

crayon

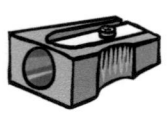

қалам учлагич

taille-crayon

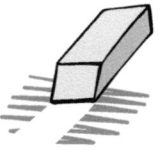

ўчиргич

gomme

расм албоми

carnet à dessin

чизмачилик

dessin

бўёқ чўтка

pinceau

бўёқдон

boîte de peinture

қайчи

ciseaux

елим

colle

машғулот дафтари

cahier d'exercices

уй иши

devoirs

рақам

chiffre

қўшмоқ

additionner

айирмоқ

soustraire

кўпайтирмоқ

multiplier

ҳисобламоқ

calculer

хат

lettre

алифбо

alphabet

сўз

mot

мактаб - école

3

матн

texte

ўқимоқ

lire

бўр

craie

дарс

leçon

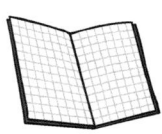

журнал

livre de classe

имтиҳон

examen

гувоҳнома

certificat

мактаб формаси

uniforme scolaire

таълим

formation

қомус

lexique

олийгоҳ

université

микроскоп

microscope

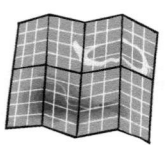

харита

carte

урна

corbeille à papier

саёҳат

voyage

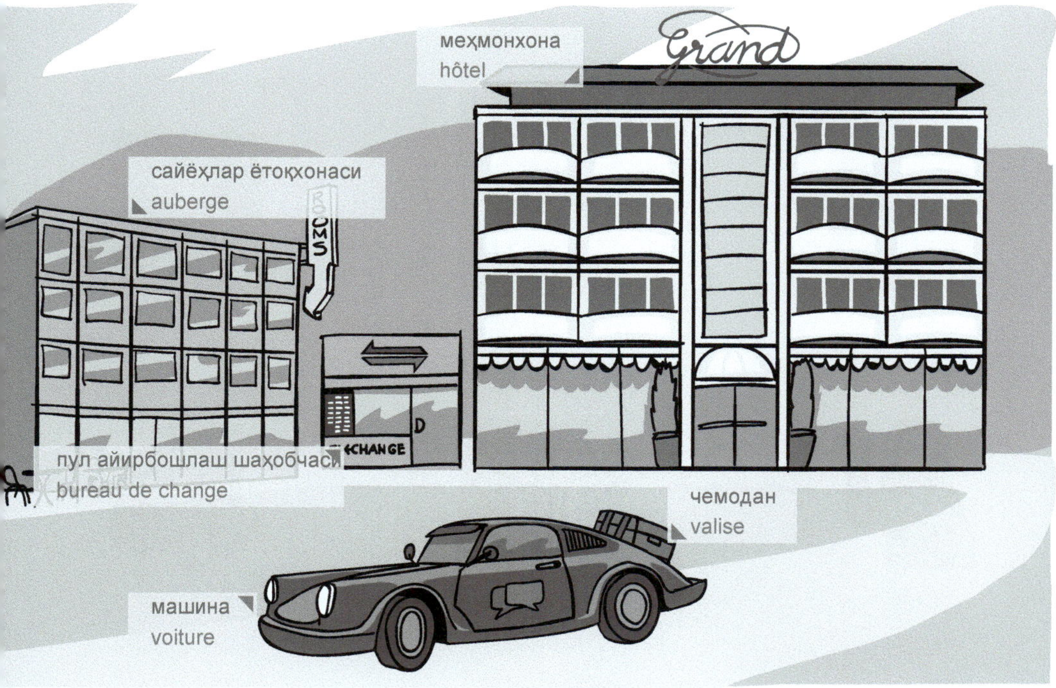

меҳмонхона
hôtel
Grand
сайёҳлар ётоқхонаси
auberge
ROOMS
пул айирбошлаш шаҳобчаси
bureau de change
EXCHANGE
чемодан
valise
машина
voiture

тил
langue

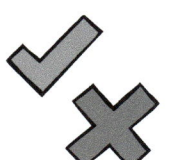

ҳа / йўқ
oui / non

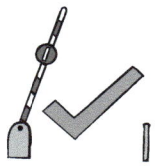

Хўп
d'accord

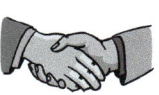

салом
Salut

таржимон
interprète

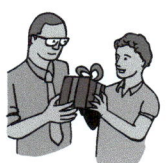

Раҳмат
merci

неча пул...?

Combien coûte...?

Тушунмадим

Je ne comprends pas

муаммо

problème

Хайрли кеч!

Bonsoir !

Хайрли тонг!

Bonjour !

Хайрли тун!

Bonne nuit !

кўришгунча

Au revoir

йўналиш

direction

йўловчи юки

bagages

сафархалта

sac

юк халта

sac-à-dos

меҳмон

hôte

хона

pièce

уйқуқоп

sac de couchage

чодир

tente

саёҳларга маълумот
бериш столи

office de tourisme

пляж

plage

омонат карта

carte de crédit

нонушта

petit-déjeuner

нонушта

déjeuner

кечки овқат

dîner

чипта

billet

лифт

ascenseur

марка

timbre

чегара

frontière

божхона

douane

элчихона

ambassade

виза

visa

паспорт

passeport

саёҳат - voyage

транспорт

transport

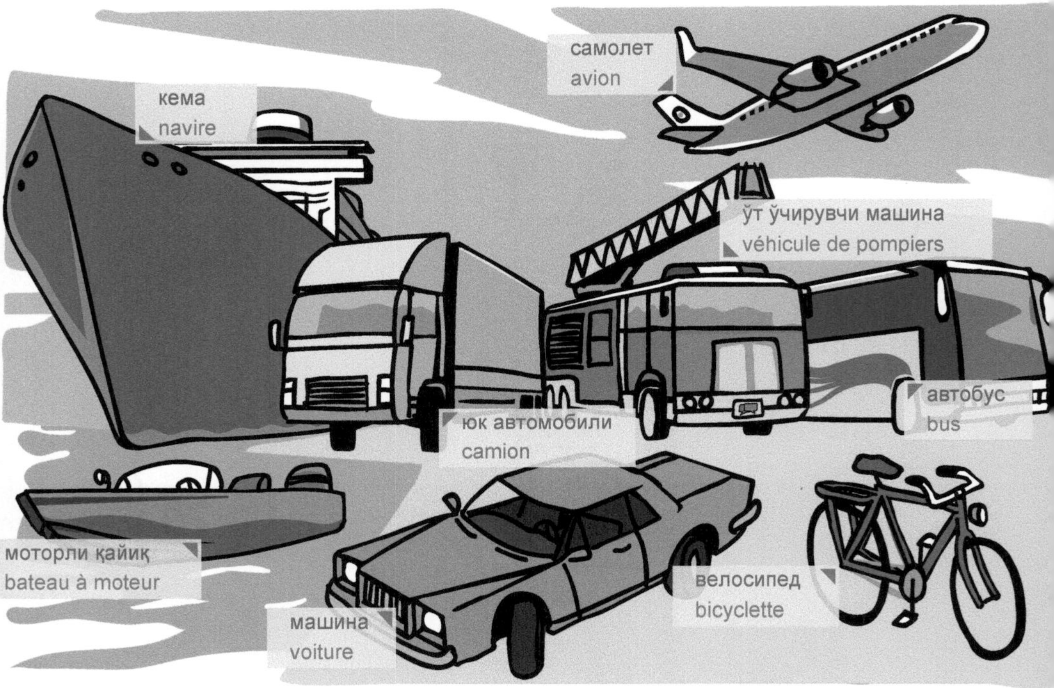
самолет
avion
кема
navire
ўт ўчирувчи машина
véhicule de pompiers
автобус
bus
юк автомобили
camion
моторли қайиқ
bateau à moteur
велосипед
bicyclette
машина
voiture

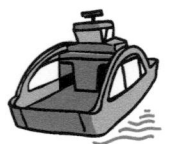

солсимон ясси кема

ferry

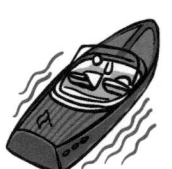

қайиқ

barque

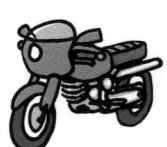

мотоцикл

moto

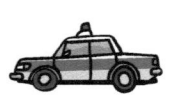

посбон машинаси

voiture de police

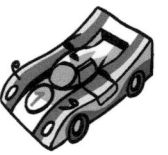

пойга машинаси

voiture de course

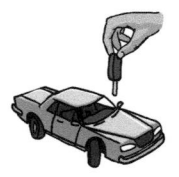

ижарага олинган автоулов

voiture de location

автоижара

auto-partage

шатакка олувчи юк автомобили

voiture de remorquage

ахлат машинаси

benne à ordures

мотор

moteur

ёқилғи

essence

ёқилғи қуйиш шаҳобчаси

station d'essence

йўл белгиси

panneau indicateur

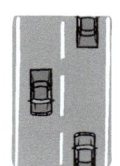

йўл ҳаракати

trafic

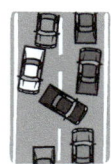

тирбанд

embouteillage

автомобил тўхтаб туриш жойи

parking

поезд бекати

gare

рельс

rails

поезд

train

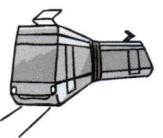

трамвай

tramway

вагон

wagon

вертолёт

hélicoptère

аэропорт

aéroport

минора

tour

йўловчи

passager

контейнер

conteneur

қоғоз қути

carton

аравача

chariot

сават

corbeille

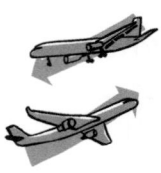

учмоқ / қўнмоқ

décoller / atterrir

шаҳар

ville

қишлоқ

village

шаҳар маркази

centre-ville

уй

maison

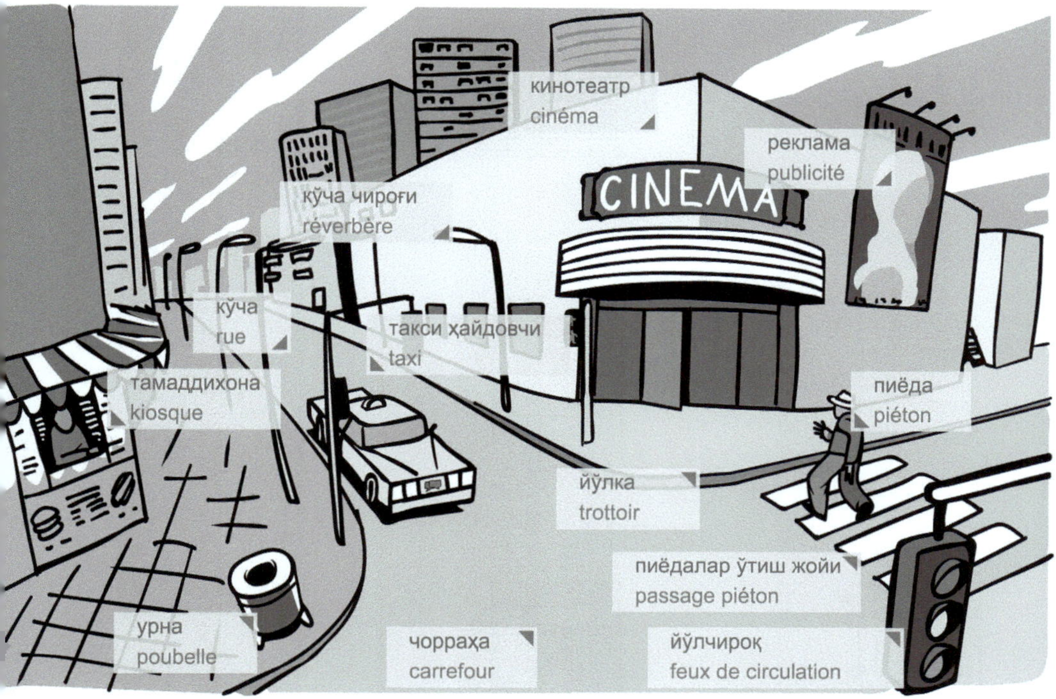

кинотеатр
cinéma

реклама
publicité

кўча чироғи
réverbère

CINEMA

кўча
rue

такси ҳайдовчи
taxi

тамаддихона
kiosque

пиёда
piéton

йўлка
trottoir

пиёдалар ўтиш жойи
passage piéton

урна
poubelle

чорраҳа
carrefour

йўлчироқ
feux de circulation

кулба

cabane

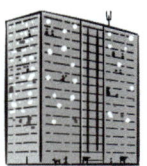

квартира

appartement

поезд бекати

gare

маҳаллий ҳокимият
биноси
mairie

музей

musée

мактаб

école

шаҳар - ville

олийгоҳ

université

банк

banque

шифохона

hôpital

меҳмонхона

hôtel

дорихона

pharmacie

идора

bureau

китоб дўкони

librairie

дўкон

magasin

гул дўкони

fleuriste

супермаркет

supermarché

бозор

marché

универмаг

grand magasin

балиқ дўкони

poissonnerie

савдо маркази

centre commercial

бандаргоҳ

port

истироҳат боғи

parc

банк

banque

кўприк

pont

зинапоя

escaliers

метро

métro

ер ости йўли

tunnel

автобус бекати

arrêt de bus

бар

bar

ресторан

restaurant

почта қутиси

boîte à lettres

кўча ёзув осма тахтаси

panneau indicateur

тўхтаб туриш вақтини ҳисоблагич

parcmètre

ҳайвонот боғи

zoo

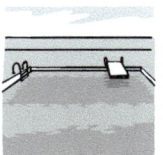

бассейн

piscine

масжид

mosquée

чорвачилик хўжалиги

ferme

атроф-муҳит
ифлосланиши
pollution

қабристон

cimetière

ибодатхона

église

болалар ўйингоҳи

aire de jeux

эҳром

temple

манзара

paysage

япроқ
feuille

йўлкўрсатгич
panneau indicateur

йўл
chemin

ўтлоқ
pré

тош
pierre

пиёда сайёҳ
randonneur

дарахт
arbre

дарё
rivière

майса
herbe

гул
fleur

водий

vallée

қир

montagne

кўл

lac

ўрмон

forêt

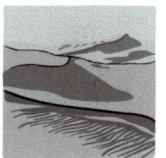

чўл

désert

вулкан

volcan

қалъа

château

камалак

arc-en-ciel

кўзиқорин

champignon

пальма дарахти

palmier

пашша

moustique

чивин

mouche

чумоли

fourmis

асалари

abeille

ўргимчак

araignée

қўнғиз

coléoptère

қурбақа

grenouille

олмахон

écureuil

типратикон

hérisson

қуён

lièvre

укки

chouette

қуш

oiseau

оққуш

cygne

эркак чўчқа

sanglier

буғу

cerf

бутоқ шоҳли кийик

élan

тўғон

barrage

шамол генератори

éolienne

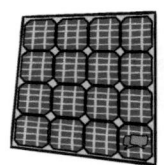

қуёш батареяси

panneau solaire

иқлим

climat

ресторан
restaurant

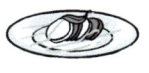

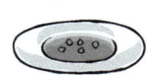

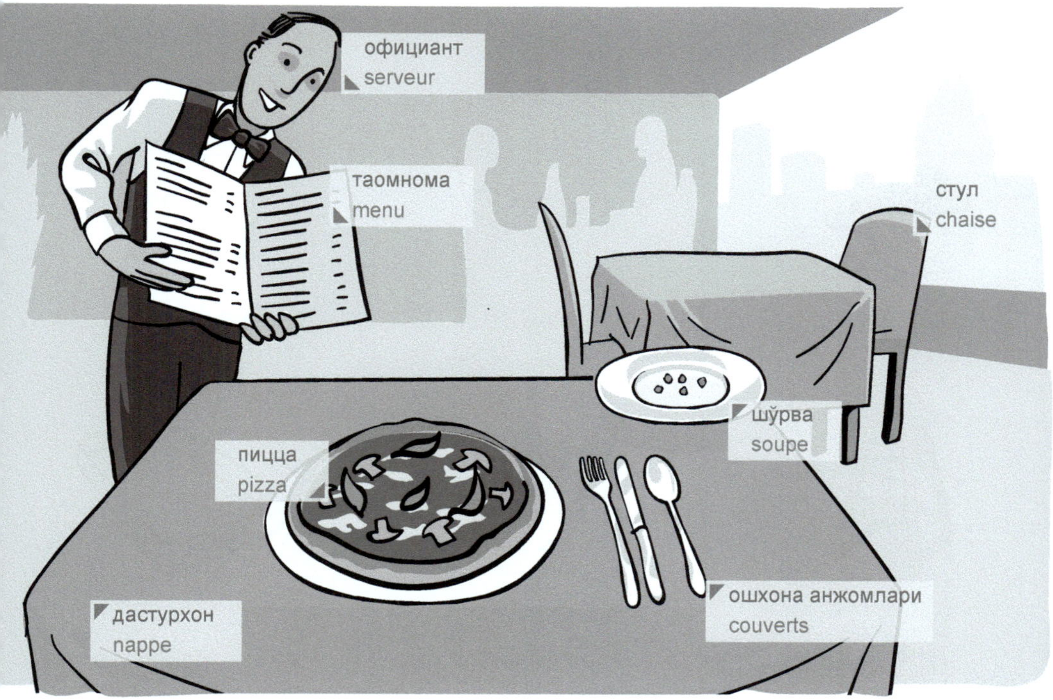
официант
serveur
таомнома
menu
стул
chaise
шўрва
soupe
пицца
pizza
ошхона анжомлари
couverts
дастурхон
nappe

газак
hors d'œuvre

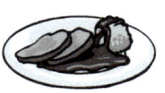

асосий таом
plat principal

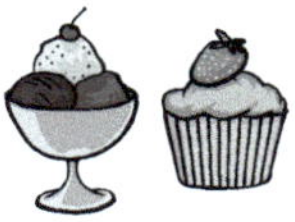

десерт
dessert

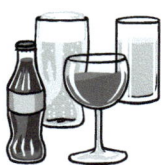

ичимликлар
boissons

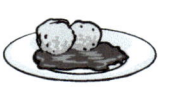

таом
alimentation

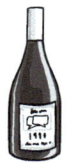

бутилка
bouteille

тез пишар таом

fast-food

кўча таоми

plats à emporter

чойнак

théière

шакардон

sucrier

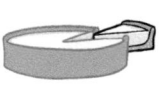

порция

portion

эспрессо кофе машинаси

machine à expresso

болалар курсичаси

chaise haute

ҳисоб

facture

лаган

plateau

пичоқ

couteau

санчқи

fourchette

қошиқ

cuillère

чой қошиқ

cuillère à thé

кўл сочиқ

serviette

стакан

verre

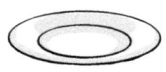

ликоп

assiette

шўрва коса

assiette à soupe

тақсимча

soucoupe

қайла

sauce

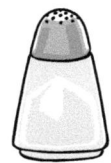

туздон

salière

қалампир янчгич

moulin à poivre

сирка

vinaigre

ёғ

huile

зираворлар

épices

кетчуп

ketchup

хантал

moutarde

майонез

mayonnaise

супермаркет
supermarché

чегирма
offre promotionnelle
FOR
мижоз
client
сут маҳсулотлари
produits laitiers
мева
fruits
харид араваси
chariot

BUTCHERS

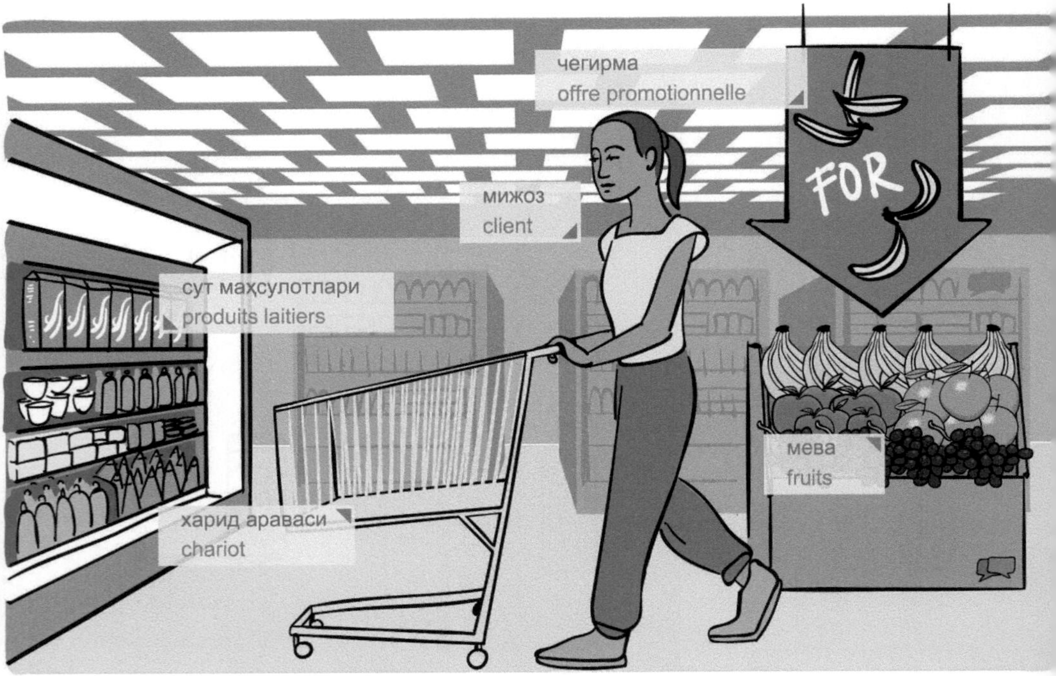

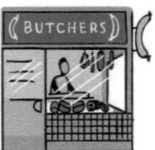

қассобхона

boucherie

BAKERY

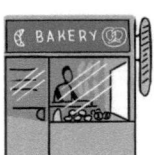

нонвойхона

boulangerie

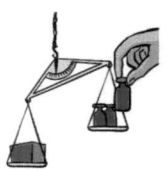

тарозида ўлчамоқ

peser

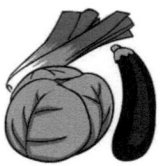

сабзавот

légumes

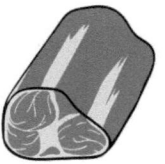

гўшт

viande

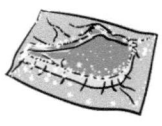

музлатилган таомлар

aliments surgelés

яхна гўшт
....
charcuterie

консерва
....
conserves

кир ювиш воситаси
....
poudre à lessive

ширинликлар
....
bonbons

кундалик истеъмол
моллар
articles ménagers

ювиш воситалари
....
détergents

сотувчи
....
vendeuse

касса аппарати
....
caisse

ғазначи
....
caissier

харид рўйхати
....
liste d'achats

иш вақти
....
heures d'ouverture

ҳамён
....
portefeuille

омонат карта
....
carte de crédit

халта
....
sac

целлофан халта
....
sac en plastique

сув

eau

шарбат

jus de fruit

сут

lait

кока-кола

coca

вино

vin

пиво

bière

спиртли ичимлик

alcool

какао

chocolat chaud

чой

thé

кофе

café

эспрессо

expresso

капучино

cappuccino

банан

banane

олмахон

pomme

апельсин

orange

қовун

melon

лимон

citron

сабзи

carotte

саримсоқ

ail

бамбук

bambou

пиёз

oignon

қўзиқорин

champignon

ёнғоқ

noisettes

лағмон

pâtes

спагетти

spaghetti

гуруч

riz

салат

salade

картошка-фри

pommes frites

қовурилган картошка

pommes de terre rôties

пицца

pizza

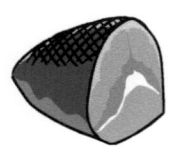

гамбургер

hamburger

сэндвич

sandwich

тўқмоқланган тўш қиймаси

escalope

дудланган чўчқа гўшти

jambon

салями колбасаси

salami

сосиска

saucisse

товуқ гўшти

poulet

қовурилган

rôti

балиқ

poisson

сули бӯтқаси

flocons d'avoine

мюсли

muesli

маккажӯхори ёрмаси

cornflakes

ун

farine

француз булочкаси

croissant

булочка

petits-pains

нон

pain

қизартирилган нон бӯлаги

pain grillé

пиширик

biscuits

сариёғ

beurre

творог

le fromage blanc

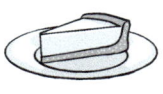

пирог

gâteau

тухум

œuf

қовурилган тухум

œuf au plat

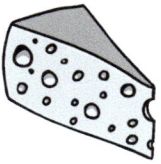

пишлоқ

fromage

музқаймоқ

glace

шакар

sucre

асал

miel

мураббо

confiture

шоколад пастаси

crème nougat

зарчава

curry

чорвачилик хўжалиги

ferme

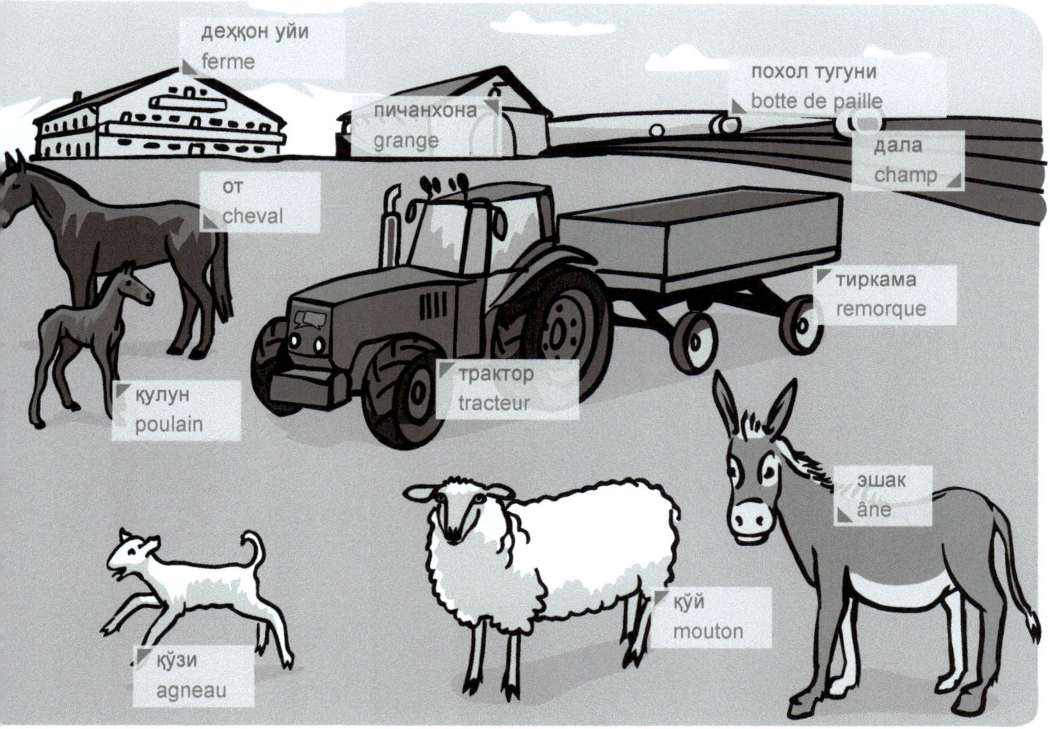
деҳқон уйи
ferme
пичанхона
grange
похол тугуни
botte de paille
дала
champ
от
cheval
тиркама
remorque
трактор
tracteur
қулун
poulain
эшак
âne
қўй
mouton
қўзи
agneau

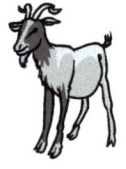

эчки

chèvre

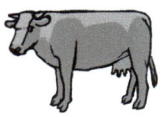

сигир

vache

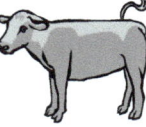

бузоқ

veau

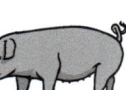

чўчқа

porc

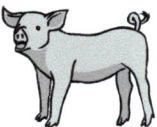

чўчқа боласи

porcelet

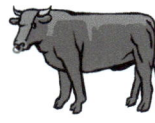

буқа

taureau

ғоз

oie

ўрдак

canard

жўжа

poussin

товуқ

poule

хўроз

coq

каламуш

rat

мушук

chat

сичқон

souris

хўкиз

bœuf

ит

chien

каталак

chenil

ҳовли боғ шланги

tuyau de jardin

гулчелак

arrosoir

белўроқ

faucheuse

темир омоч

charrue

кўлўроқ

faucille

чопқи

pioche

паншаха

fourche

болта

hache

ғалтакарава

brouette

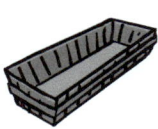

охур

cuve

сут бидони

pot à lait

тўрва

sac

панжара

clôture

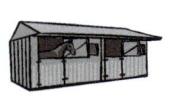

оғилхона

étable

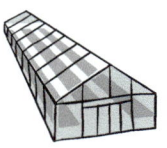

иссиқхона

serre

тупроқ

sol

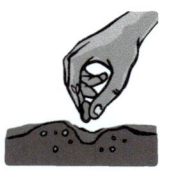

уруғ

semences

ўғит

engrais

комбайн

moissonneuse-batteuse

ҳосил олмоқ

récolter

йиғим-терим

récolte

ямс

igname

буғдой

blé

соя

soja

картошка

pomme de terre

маккажўхори

maïs

рапс уруғи

colza

мевали дарахт

arbre fruitier

маниок

manioc

ёрма

céréales

уй

maison

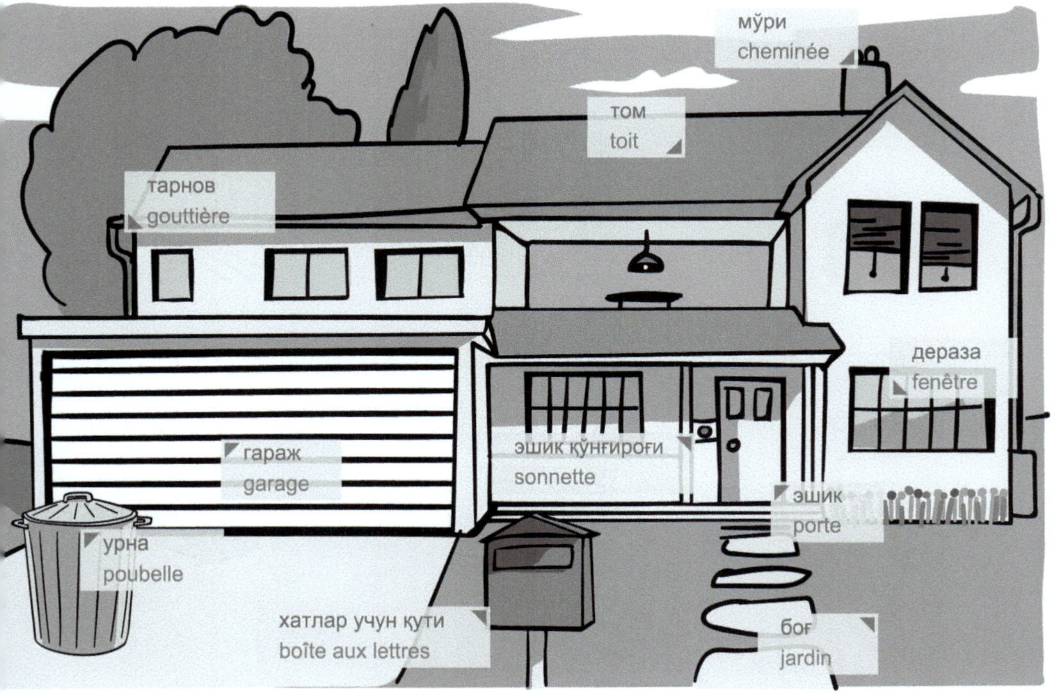
мўри
cheminée
том
toit
тарнов
gouttière
дераза
fenêtre
гараж
garage
эшик қўнғироғи
sonnette
эшик
porte
урна
poubelle
хатлар учун қути
boîte aux lettres
боғ
jardin

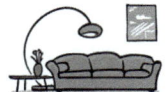

меҳмонхона

salon

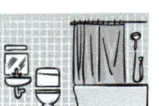

ваннахона

salle de bain

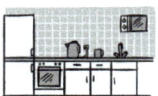

ошхона

cuisine

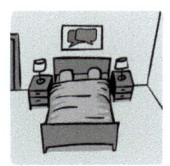

ётоқхона

chambre à coucher

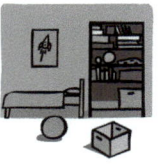

болалар хонаси

chambre d'enfant

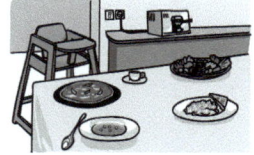

ошхона

salle à manger

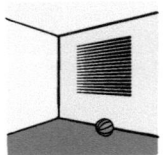

пол

sol

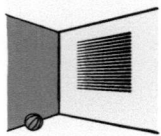

девор

mur

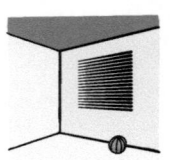

шип

plafond

подвал

cave

сауна

sauna

болохона айвони

balcon

айвон

terrasse

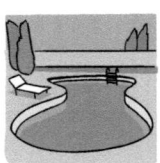

бассейн

piscine

ўт ўргич машина

tondeuse à gazon

кўрпажилд

housse

чойшаб

couette

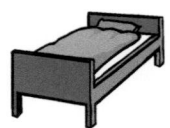

кроват

lit

супурги

balai

пақир

sceau

мурват

interrupteur

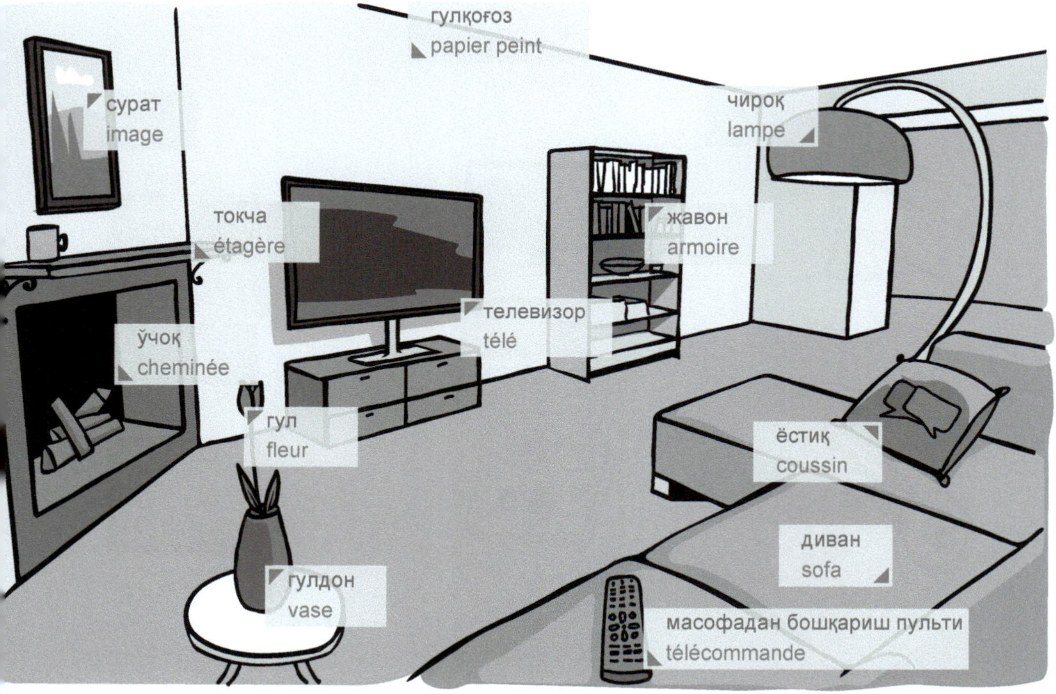

гулқоғоз
papier peint

сурат
image

чироқ
lampe

токча
étagère

жавон
armoire

ўчоқ
cheminée

телевизор
télé

гул
fleur

ёстиқ
coussin

диван
sofa

гулдон
vase

масофадан бошқариш пульти
télécommande

гилам

tapis

парда

rideau

стол

table

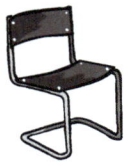

стул

chaise

тебранма курси

chaise à bascule

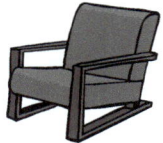

кресло

fauteuil

китоб

livre

кӯрпа

couverture

ҳашам

décoration

ӯтин

bois de chauffage

кино

film

стерео қурилма

chaîne hi-fi

калит

clé

рӯзнома

journal

расм

peinture

плакат

poster

радио

radio

ён дафтар

bloc-notes

чанг ютгич

aspirateur

кактус

cactus

шам

bougie

ошхона
cuisine

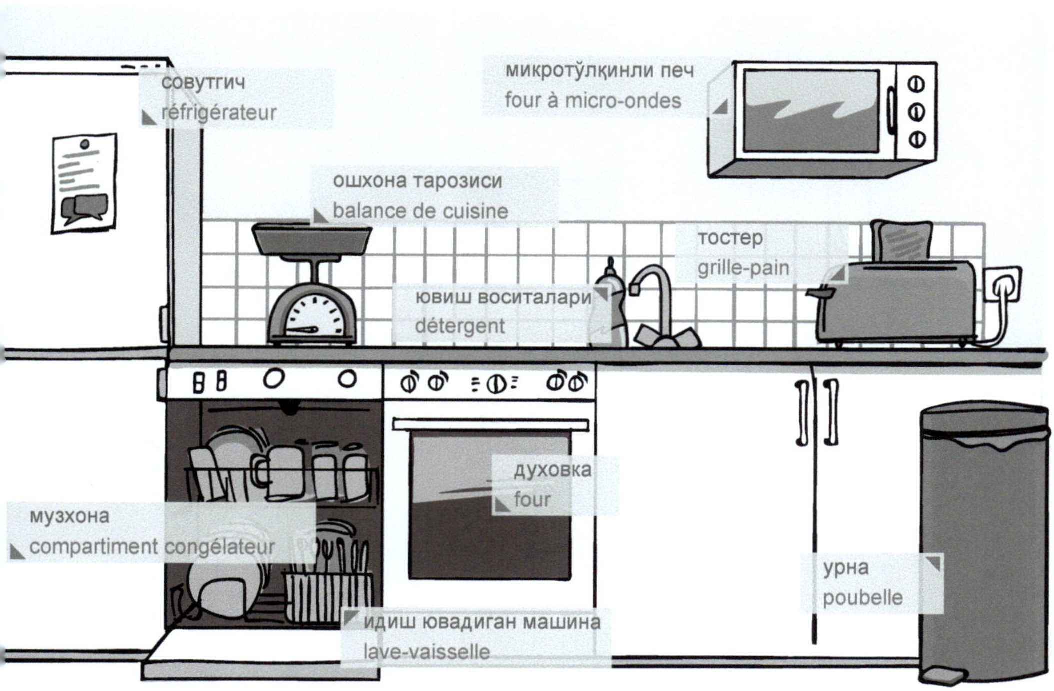

совутгич
réfrigérateur
микротўлқинли печ
four à micro-ondes
ошхона тарозиси
balance de cuisine
тостер
grille-pain
ювиш воситалари
détergent
духовка
four
музхона
compartiment congélateur
урна
poubelle
идиш ювадиган машина
lave-vaisselle

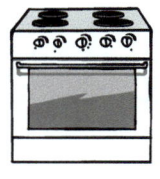

плита
four

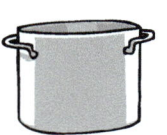

кастрюль
casserole

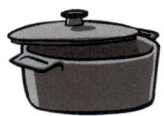

чўян қозон
marmite

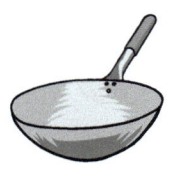

бўртма тубли това
wok / kadai

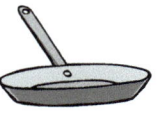

това
poêle

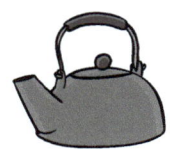

човгун
bouilloire electrique

мантиқасқон

cuiseur vapeur

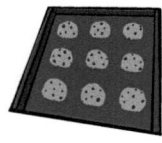

тунука това

plaque de cuisson

идиш

vaisselle

кружка

gobelet

коса

coupe

таом ейиш таёқчалари

baguettes

чўмич

louche

куракча

spatule

кўпиртиргич

fouet

элак

passoire

элак

tamis

қирғич

râpe

ҳовонча

mortier

гриль

barbecue

олов

cheminée

оштахта

planche à découper

жува

rouleau à pâtisserie

пармасимон тиқин очгич

tire-bouchon

консерва

boîte

консерва очгич

ouvre-boîte

тутгич

maniques

унитаз

lavabo

идиш чўтка

brosse

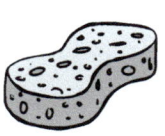

қозонсочиқ

éponge

қориштиргич

mixeur

музлатгич

congélateur

сўрғичли чақалоқ бутилкаси

biberon

кран

robinet

ваннахона

salle de bain

исиртиш тизими
chauffage
сочиқ
serviette
душ
douche
дарпарда
rideau de douche
кўпикли ванна
bain moussant
ванна
baignoire
стакан
verre
кир ювиш машинаси
machine à laver
кран
robinet
кафель
carrelage
тувак
pot
унитаз
lavabo

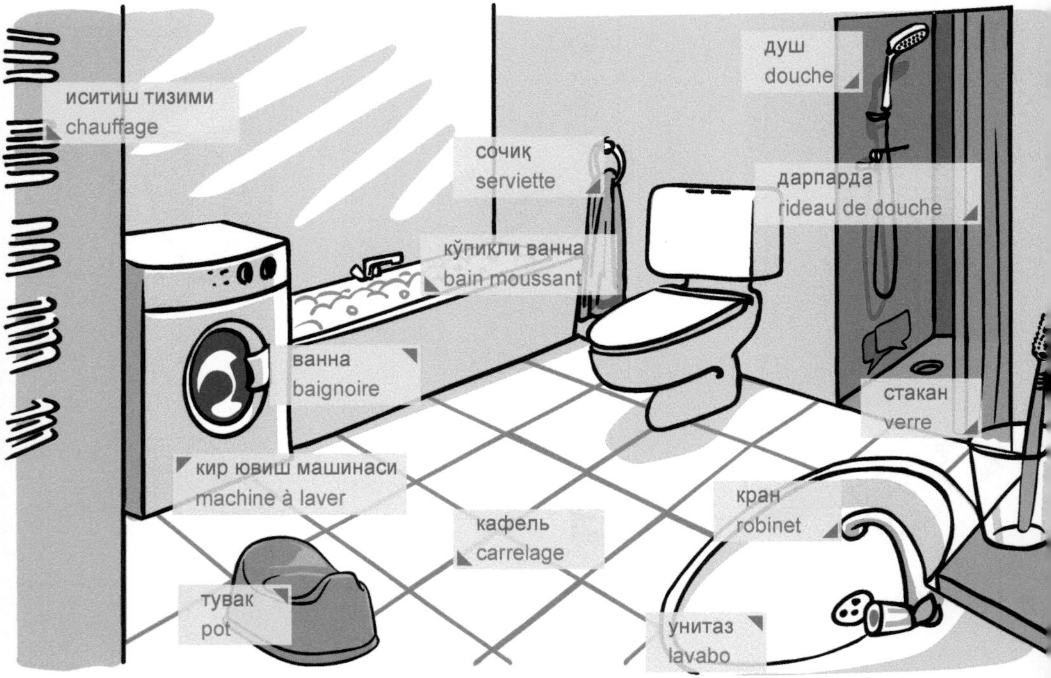

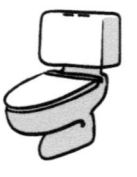

ҳожатхона

toilettes

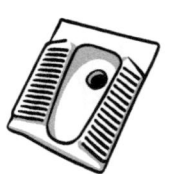

полга ўрнатиладиган унитаз

toilette à la turque

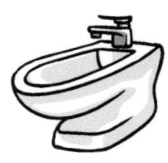

таҳоратдон

bidet

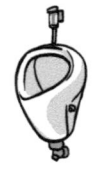

сийдик унитази

urinoir

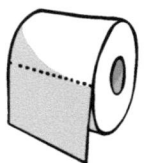

ҳожатхона қоғози

papier toilette

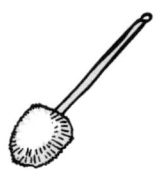

ҳожатхона чўткаси

brosse à toilette

тиш чӯтка

brosse à dents

тиш пастаси

dentifrice

тиш тозалагич ип

fil dentaire

ювмоқ

laver

дастакли душ

douche manuelle

таҳорат учун душ

douche intime

тоғора

vasque

елка қашлайдиган чӯтка

brosse dorsale

совун

savon

душ учун гель

gel douche

шампунь

shampooing

мочалка

gant de toilette

қувур

écoulement

крем

crème

дезодарант

déodorant

ваннахона - salle de bain

кўзгу

miroir

қўл кўзгуси

miroir cosmétique

устара

rasoir

устара учун кўпик

mousse à raser

салқинлантирувчи
бальзам
après-rasage

тароқ

peigne

чўтка

brosse

фен

sèche-cheveux

соч учун лак

laque pour cheveux

пардоз-андоз

fond de teint

лаб учун помада

rouge à lèvres

тирноқ лаки

vernis à ongles

пахта

ouate

тирноқ қайчиси

coupe-ongles

духи

parfum

пардоз-андоз халтаси

trousse de toilette

курси

tabouret

тарози

pèse-personne

чўмилиш халати

peignoir

резина қўлқоп

gants de nettoyage

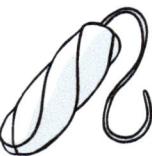

тампон

tampon

гигиеник таглик

serviettes hygiéniques

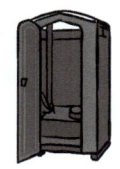

биоҳожатхона

toilette chimique

болалар хонаси
chambre d'enfant

бонг соат
réveil
юмшоқ ўйинчоқ
doudou
ўйинчоқ машина
voiture jouet
шақилдоқ
hochet
қўғирчоқ уй
maison de poupée
совға
cadeau

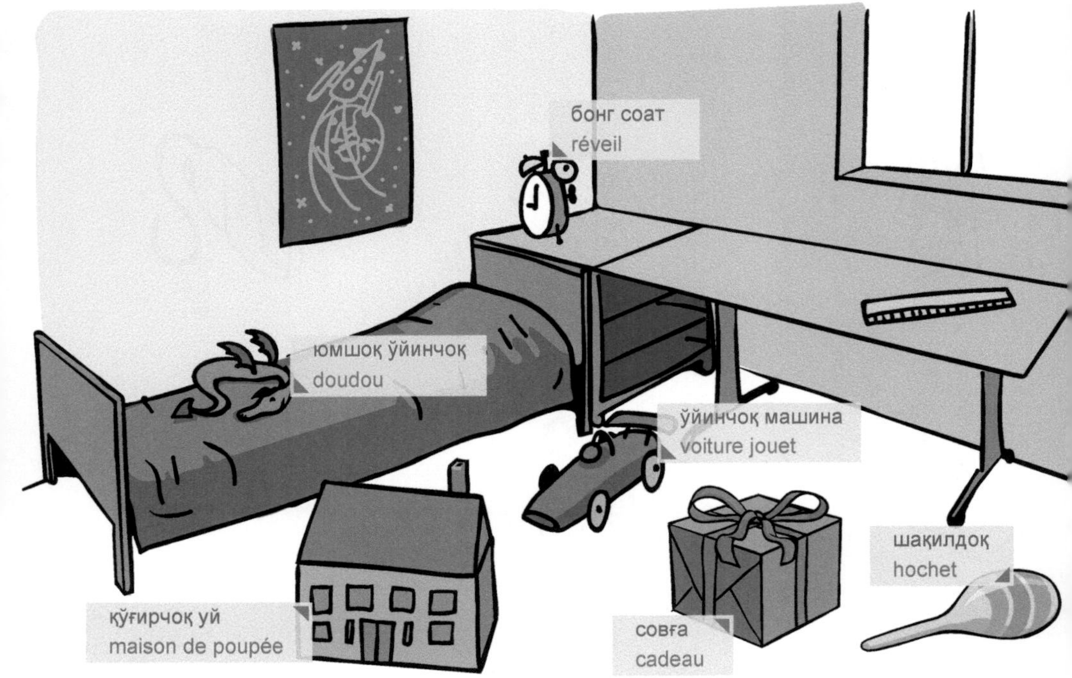

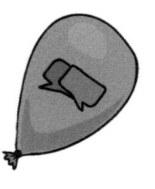

шар
ballon

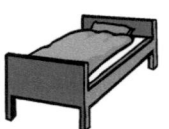

кроват
lit

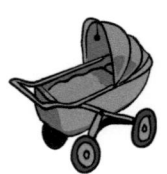

болалар аравачаси
poussette

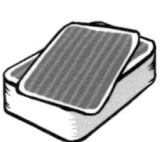

карта тўплами
jeu de cartes

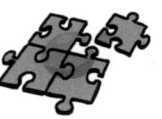

терма тасвир
puzzle

SUPER
MEGA
кулгили саҳна асари
bande dessinée

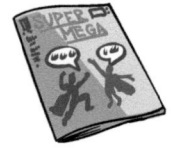

лего ғиштлари

pièces lego

ўйинчоқ кубиклар

blocs de construction

ўйинчоқ қаҳрамон

figurine

ползунка

grenouillère

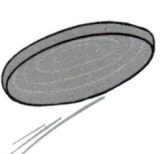

учар ликопча

frisbee

осма шақилдоқ

mobile

стол ўйини

jeu de société

ошиқ

dé

поезд макети

train miniature

сўрғич

sucette

ўтириш

fête

расмли китоб

livre d'images

копток

balle

қўғирчоқ

poupée

ўйнамоқ

jouer

қумдон

bac à sable

арғимчоқ

balançoire

ўйинчоқлар

jouets

ўйин приставкаси

console de jeu

уч ғилдиракли велосипед

tricycle

бахмал айиқ

ours en peluche

кийим шкафи

armoire

кийим

vêtements

пайпоқ

chaussettes

чулки

bas

колготка

collant

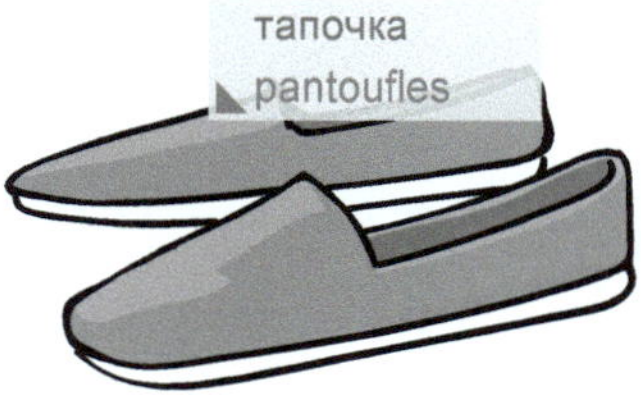

шарф
écharpe

соябон
parapluie

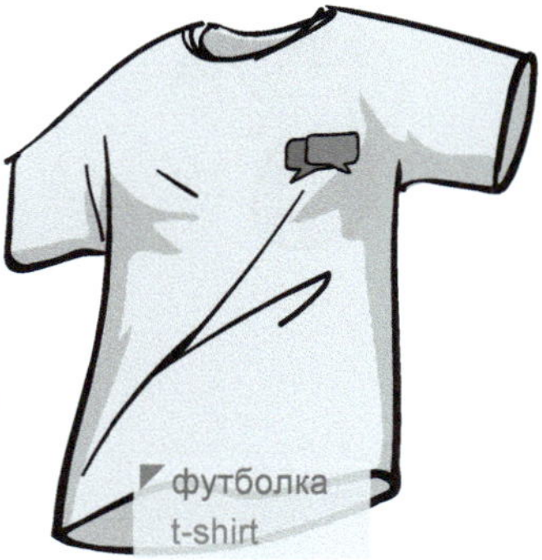

футболка
t-shirt

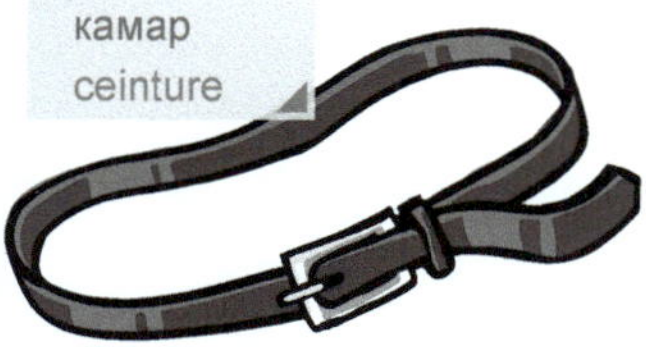

камар
ceinture

ботинка
bottes

тапочка
pantoufles

кроссовка
baskets

шиппак
....
sandales

туфли
....
chaussures

резина этик
....
bottes de caoutchouc

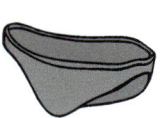

тор турсик
....
sous-vêtements

кўкракпеч
....
soutien-gorge

майка
....
maillot de corps

боди
body

иштон
pantalon

жинси
jean

юбка
jupe

кофта
chemisier

кўйлак
chemise

жемпер
pull

узун чакмон
sweat à capuche

спорт бичимидаги пиджак
veste

куртка
veste

пальто
manteau

плаш
imperméable

либос
costume

кўйлак
robe

келин кўйлак
robe de mariée

костюм шим

costume

тунги кўйлак

chemise de nuit

пижама

pyjama

сари

sari

шолрўмол

foulard

салла

turban

паранжи

burqa

чакмон

caftan

абая

abaya

чўмилиш костюми

maillot de bain

турсик

maillot de bain

шортик

short

спорт костюми

tenue d'entraînement

фартук

tablier

қўлқоп

gants

тугма

bouton

кўзойнак

lunettes

билагузук

bracelet

мунчоқ

collier

узук

bague

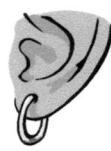

сирға

boucle d'oreille

кепка

bonnet

пальто илгак

cintre

шляпа

chapeau

бўйинбоғ

cravate

замок

fermeture éclair

дубулға

casque

шим тортгич

bretelles

мактаб формаси

uniforme scolaire

форма

uniforme

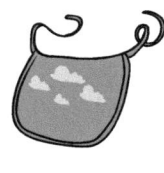

ошхўрак

bavoir

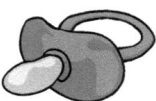

сўрғич

sucette

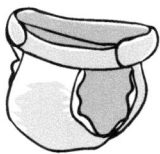

таглик

lange

идора

bureau

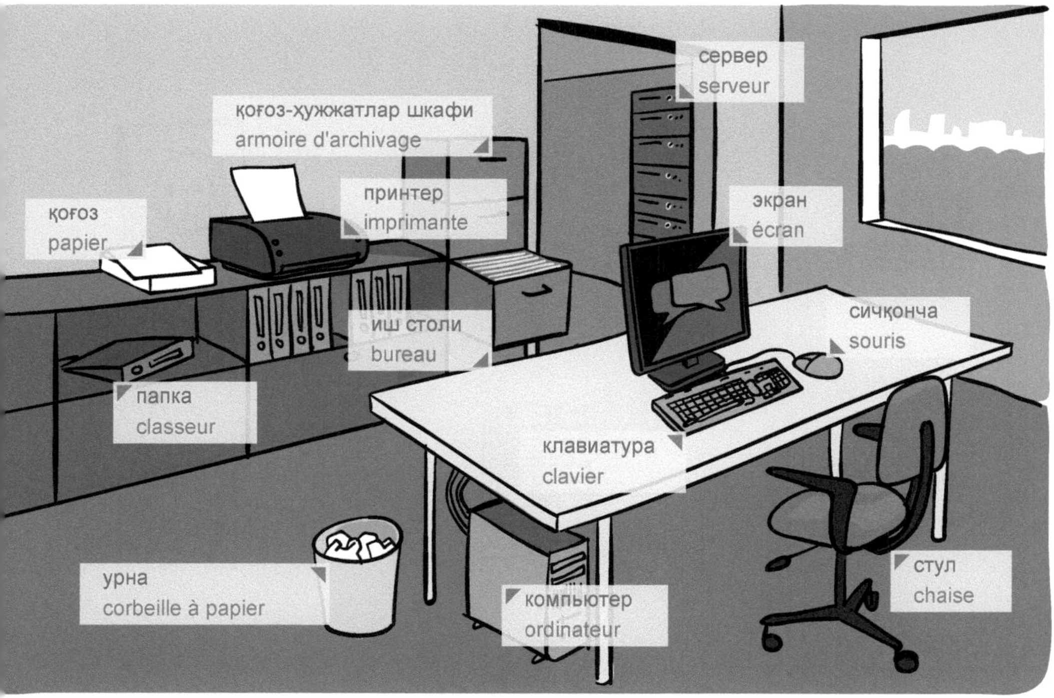
сервер
serveur
қоғоз-ҳужжатлар шкафи
armoire d'archivage
принтер
imprimante
қоғоз
papier
экран
écran
сичқонча
souris
иш столи
bureau
папка
classeur
клавиатура
clavier
урна
corbeille à papier
компьютер
ordinateur
стул
chaise

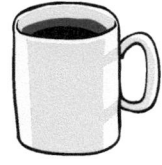

кофе кружкаси

tasse de café

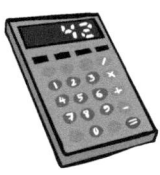

калькулятор

calculatrice

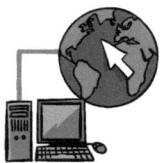

интернет

internet

ноутбук

ordinateur portable

хат

lettre

мактуб

message

уяли телефон

portable

тармоқ

réseau

нусха кўчиргич

photocopieuse

дастур

logiciel

телефон

téléphone

розетка

prise

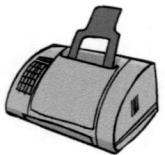

факс

fax

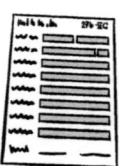

шакллар

formulaire

ҳужжат

document

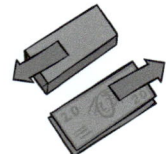

харид қилмоқ

acheter

тўламоқ

payer

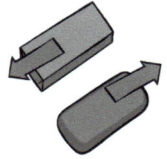

савдолашмоқ

faire du commerce

пул

monnaie

доллар

dollar

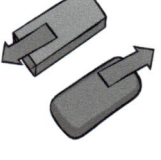

евро

euro

йен

yen

рубль

rouble

швейцар франки

franc suisse

Кэньминьби хитой юани

renminbi yuan

рупи

roupie

банкомат

distributeur automatique

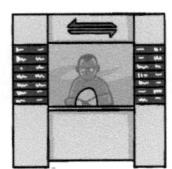

пул айирбошлаш
шаҳобчаси
bureau de change

олтин
or

кумуш
argent

нефт
pétrole

энергия
énergie

нарх
prix

шартнома
contrat

солиқ
taxe

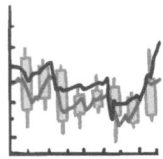

акция
action

ишламоқ
travailler

ишчи
employé

иш берувчи
employeur

завод
usine

дўкон
magasin

касблар
professions

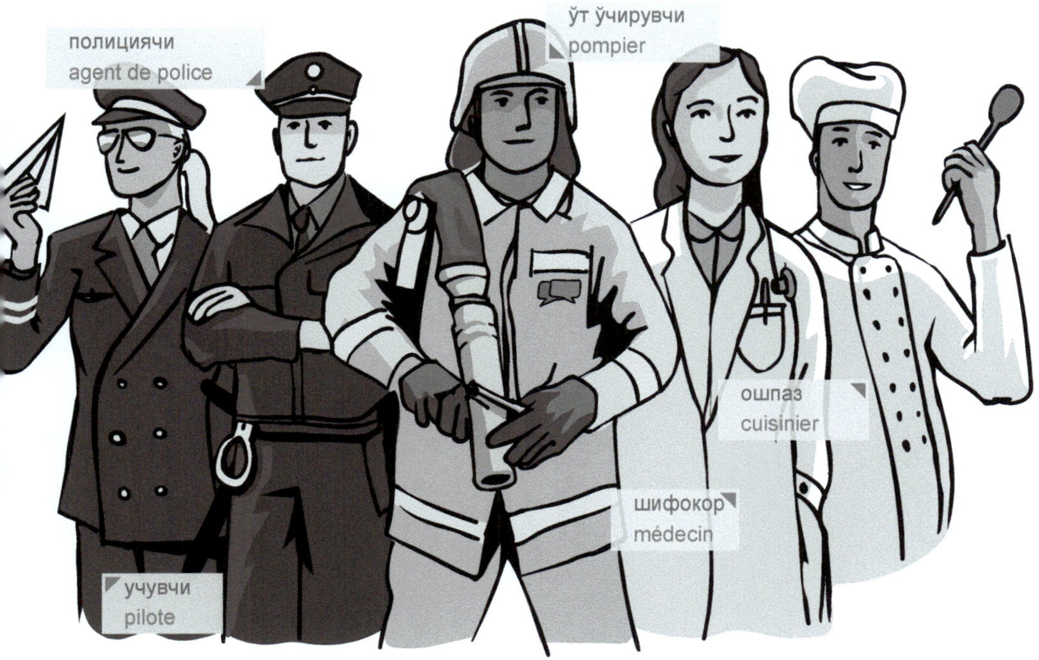

полициячи
agent de police
ўт ўчирувчи
pompier
ошпаз
cuisinier
шифокор
médecin
учувчи
pilote

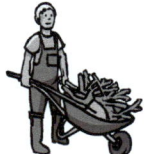

боғбон

jardinier

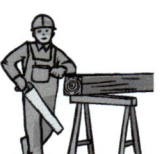

дурадгор

menuisier

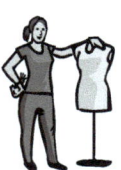

тикувчи

couturière

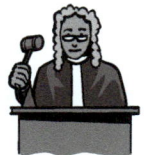

ҳакам

juge

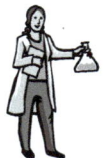

кимёгар

chimiste

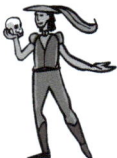

актёр

acteur

автобус ҳайдовчиси

conducteur de bus

такси ҳайдовчи

chauffeur de taxi

балиқчи

pêcheur

фаррош

femme de ménage

том устаси

couvreur

официант

serveur

овчи

chasseur

бўёқчи

peintre

нонвой

boulanger

электр устаси

électricien

қурувчи

ouvrier

муҳандис

ingénieur

қассоб

boucher

сувчи чилангар

plombier

почтачи

facteur

аскар

soldat

меъмор

architecte

ғазначи

caissier

гулчи

fleuriste

сартарош

coiffeur

чиптачи

contrôleur

механик

mécanicien

капитан

capitaine

тиш шифокори

dentiste

олим

scientifique

яхудийлар руҳонийси

rabbin

имом

imam

роҳиб

moine

руҳоний

prêtre

асбоблар
outils

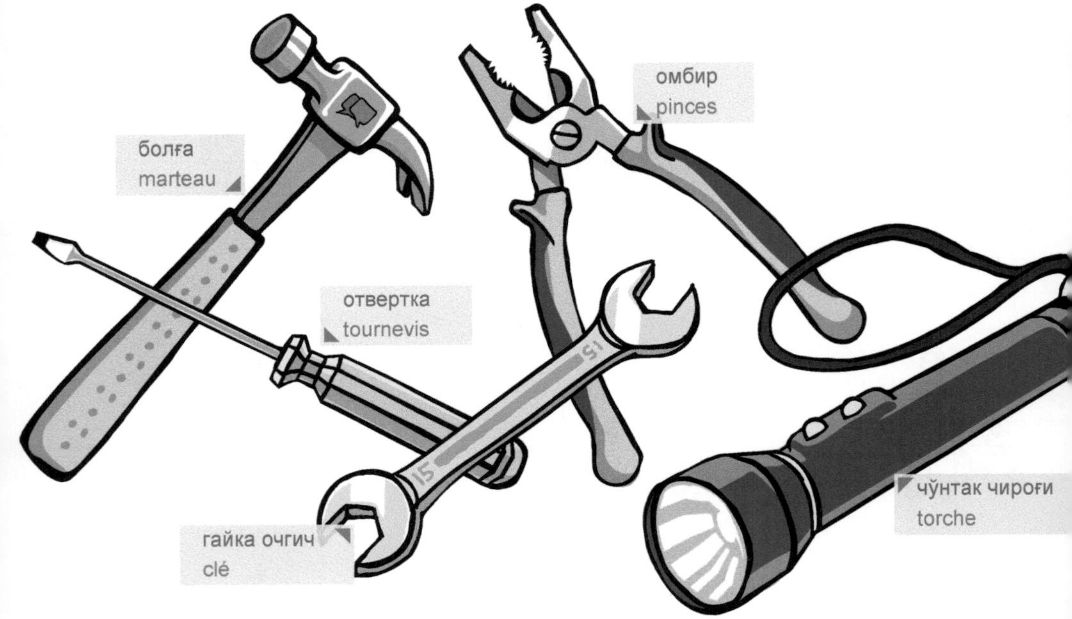
омбир
pinces
болға
marteau
отвертка
tournevis
чўнтак чироғи
torche
гайка очгич
clé

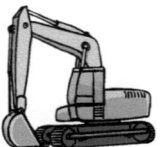

экскаватор

pelleteuse

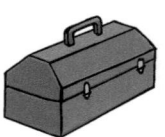

асбоблар қутиси

boîte à outils

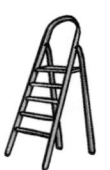

нарвон

échelle

қўларра

scie

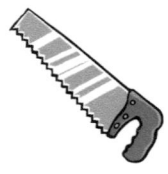

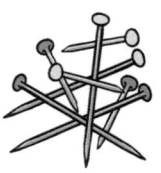

мих

clous

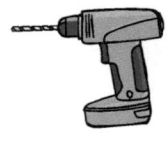

пармадаста

perceuse

тузатмоқ

réparer

белкурак

pelle

Жин урсин!

Mince !

хокандоз

pelle

бўёқ идиш

pot de peinture

бурама мих

vis

мусиқа асбоблари

instruments de musique

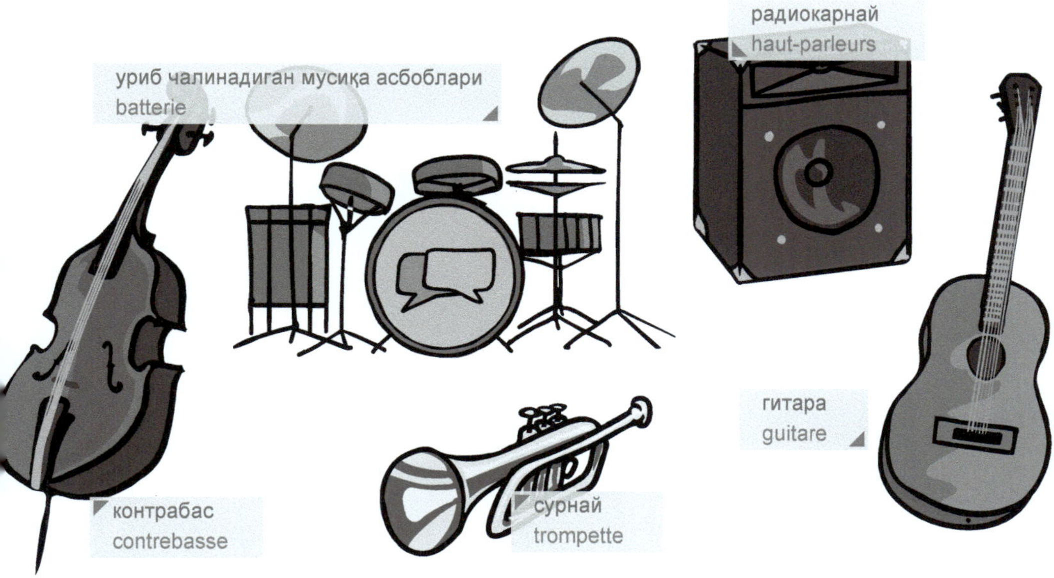

уриб чалинадиган мусиқа асбоблари
batterie

радиокарнай
haut-parleurs

гитара
guitare

контрабас
contrebasse

сурнай
trompette

пианино

piano

ғижжак

violon

бас-гитара

basse

қўшноғора

timbales

дўмбира

tambour

клавиатура

piano électrique

саксофон

saxophone

най

flûte

микрофон

microphone

ҳайвонот боғи

zoo

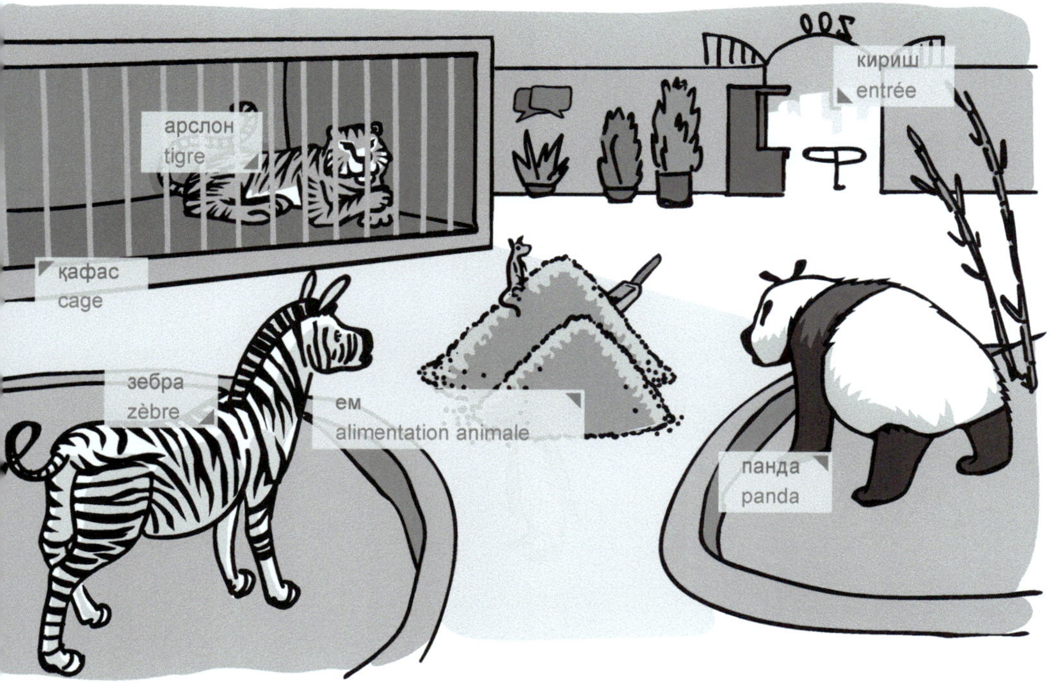

zoo
кириш
entrée
арслон
tigre
қафас
cage
зебра
zèbre
ем
alimentation animale
панда
panda

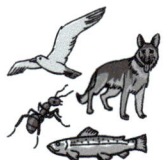

ҳайвонлар

animaux

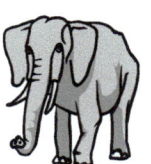

фил

éléphant

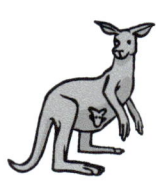

кенгуру

kangourou

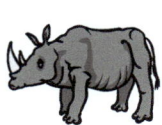

каркидон

rhinocéros

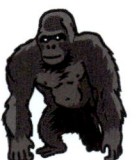

горилла

gorille

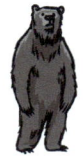

айиқ

ours

туя

chameau

туяқуш

autruche

шер

lion

маймун

singe

фламинго

flamand rose

тӯти

perroquet

оқ айиқ

ours polaire

пингвин

pingouin

акула

requin

товус

paon

илон

serpent

тимсоҳ

crocodile

ҳайвонот боғи қоровули

gardien de zoo

тюлень

phoque

ягуар

jaguar

тўпичоқ от

poney

қоплон

léopard

бегемот

hippopotame

жирафа

girafe

бургут

aigle

эркак чўчқа

sanglier

балиқ

poisson

тошбақа

tortue

морж

morse

тулки

renard

оҳу

gazelle

америка футболи
american Football

велосипед ҳайдаш
cyclisme

теннис
tennis

баскетбол
basket-ball

сузиш
natation

бокс
boxe

муз хоккейи
hockey sur glace

футбол
football

бадминтон
badminton

енгил атлетика
athlétisme

қўлтўпи
handball

чанғи учиш
ski

поло
polo

машғулот
activités

кулмоқ
rire
сакрамоқ
sauter
қучмоқ
embrasser
юрмоқ
marcher
куйламоқ
chanter
хаёл қилмоқ
rêver
ибодат қилмоқ
prier
ўпмоқ
faire la bise

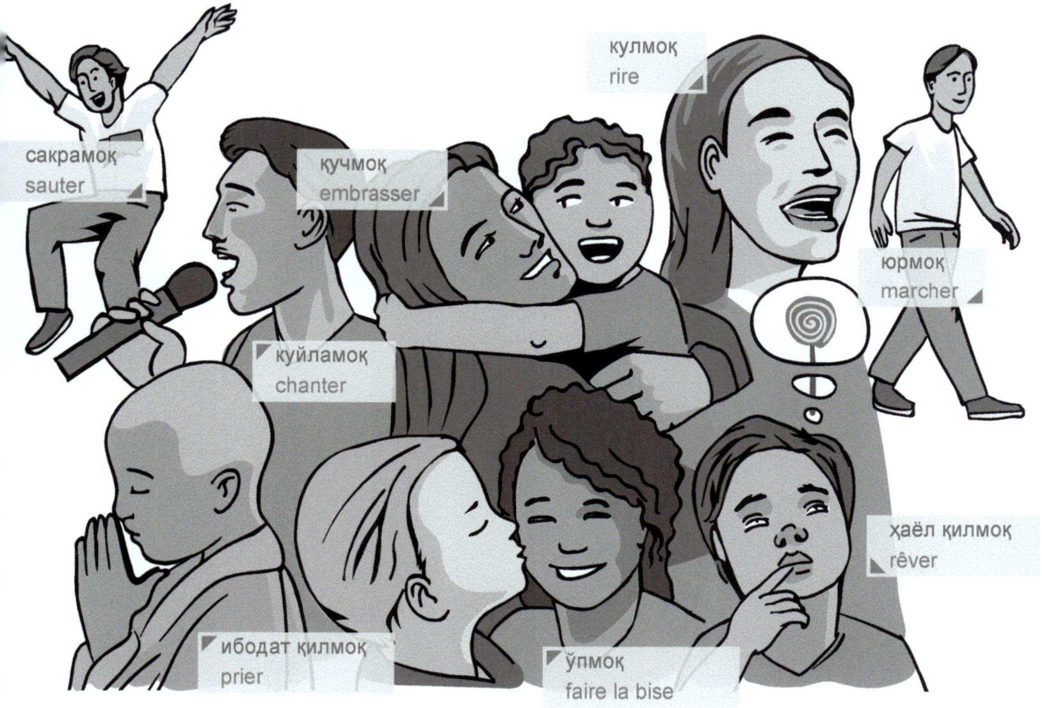

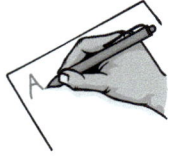

ёзмоқ

écrire

чизмоқ

dessiner

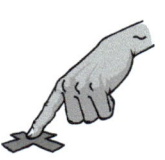

кўрсатмоқ

montrer

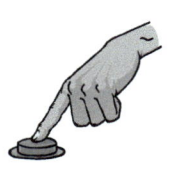

итармоқ

pousser

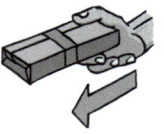

бермоқ

donner

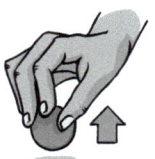

олмоқ

prendre

эга бўлмоқ

avoir

бажармоқ

faire

бўлмоқ

être

турмоқ

être debout

югурмоқ

courir

тортмоқ

trier

улоқтирмоқ

jeter

йиқилмоқ

tomber

алдамоқ

être couché

кутмоқ

attendre

ташимоқ

porter

ўтирмоқ

être assis

кийинмоқ

s'habiller

ухламоқ

dormir

уйғонмоқ

se réveiller

қарамоқ

regarder

йиғламоқ

pleurer

зарба бермоқ

caresser

тарамоқ

peigner

гаплашмоқ

parler

тушунмоқ

comprendre

сўрамоқ

demander

тингламоқ

écouter

ичмоқ

boire

емоқ

manger

йиғиштирмоқ

ranger

севмоқ

aimer

пиширмоқ

cuire

ҳайдамоқ

conduire

учмоқ

voler

машғулот - activités

кемада сузмоқ

faire de la voile

ҳисобламоқ

calculer

ўқимоқ

lire

ўрганмоқ

apprendre

ишламоқ

travailler

турмуш қурмоқ

se marier

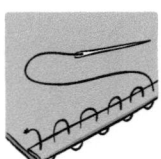

тикмоқ

coudre

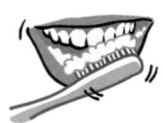

тиш ювмоқ

brosser les dents

ўлдирмоқ

tuer

чекмоқ

fumer

йўлламоқ

envoyer

буви
grand-mère

бува
grand-père

ота
père

она
mère

чақалоқ
bébé

қиз
fille

ўғил
fils

меҳмон

hôte

амма

tante

тоға

oncle

ака

frère

опа

sœur

тана

corps

пешона
front
кўз
œil
елка
épaule
бармоқ
doigt
юз
visage
ияк
menton
қўл панжалари
main
оёқ
jambe
кўкрак
poitrine
қўл
bras

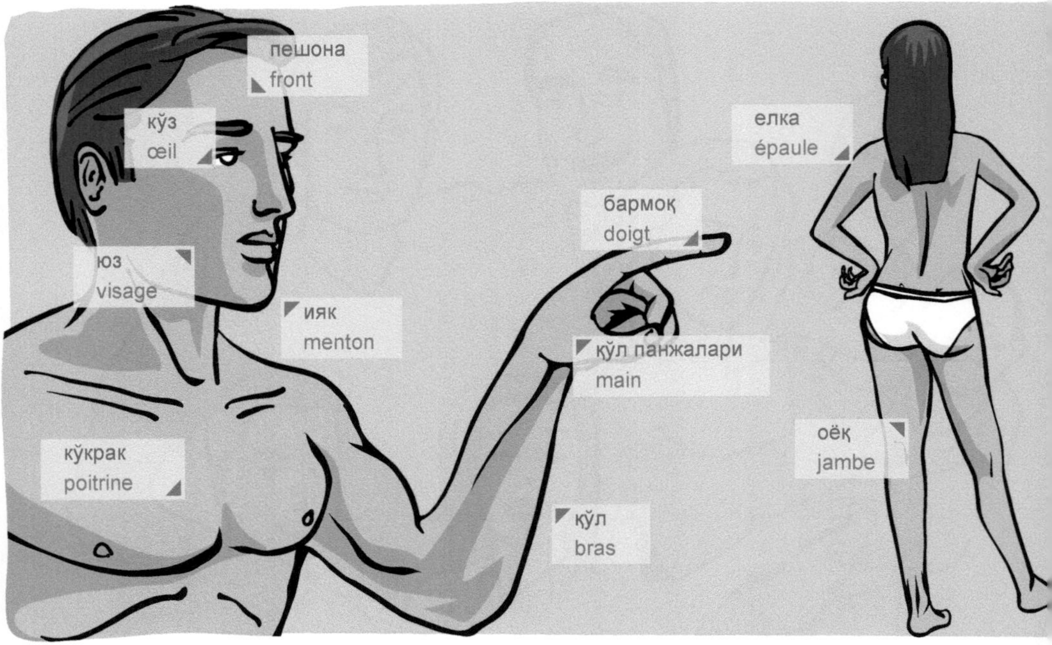

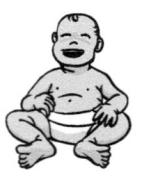

чақалоқ

bébé

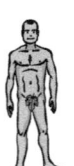

одам

homme

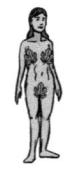

аёл

femme

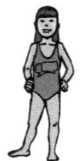

қиз бола

fille

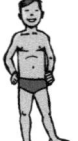

ўғил бола

garçon

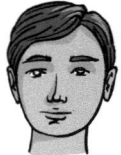

бош

tête

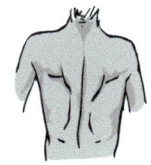

орқа

dos

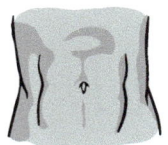

қорин

ventre

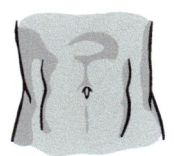

киндик

nombril

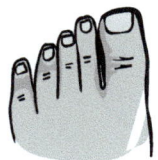

оёқ панжаси

orteil

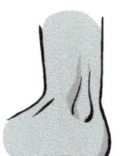

товон

talon

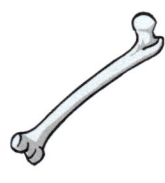

суяк

os

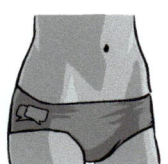

бел

hanche

тизза

genou

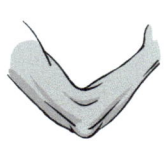

тирсак

coude

бурун

nez

думба

fesses

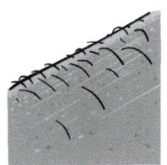

тери

peau

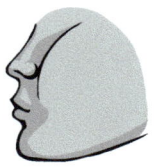

яноқ

joue

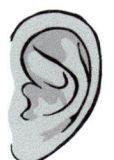

қулоқ

oreille

лаб

lèvre

оғиз

bouche

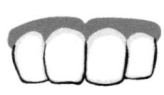

тиш

dent

тил

langue

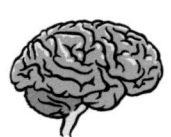

мия

cerveau

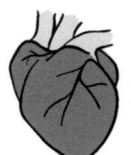

юрак

cœur

мушак

muscle

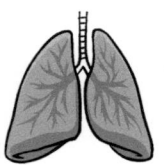

ўпка

poumons

жигар

foie

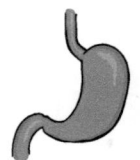

ошқозон

estomac

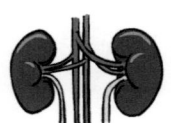

буйрак

reins

жинсий алоқа

rapport sexuel

презерватив

préservatif

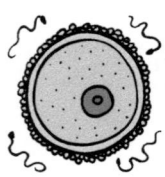

тухум ҳўжайра

ovule

уруғ

sperme

ҳомиладорлик

grossesse

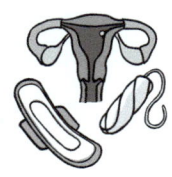

ҳайз

menstruation

бачадон

vagin

олат

pénis

қош

sourcil

соч

cheveux

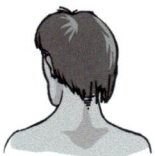

бўйин

cou

шифохона
hôpital

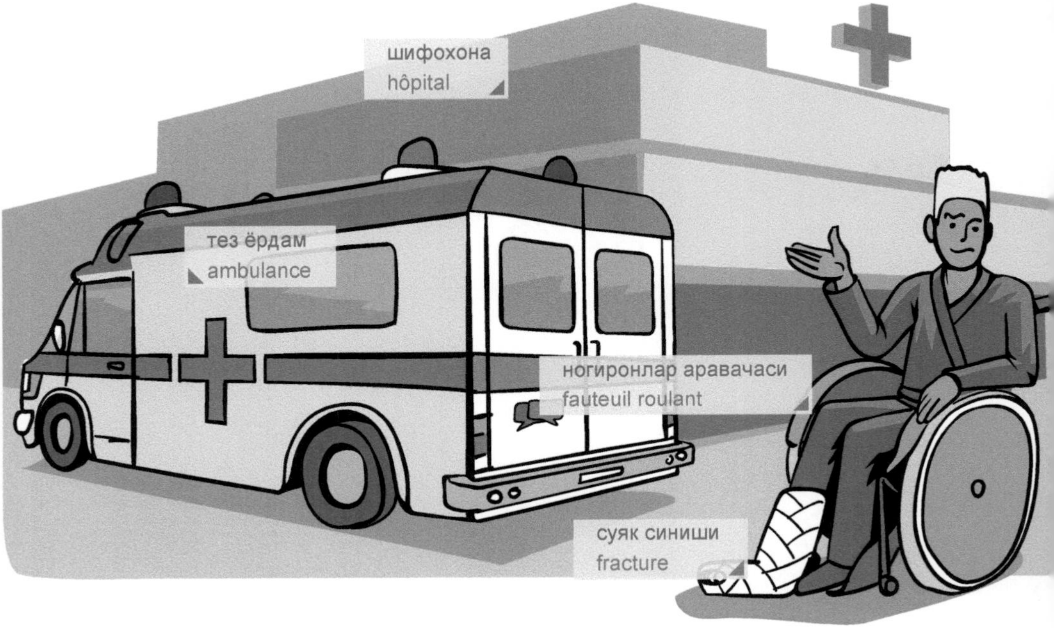

шифохона
hôpital
тез ёрдам
ambulance
ногиронлар аравачаси
fauteuil roulant
суяк синиши
fracture

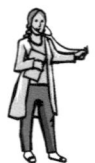

шифокор

médecin

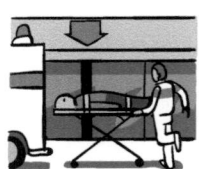

Шошилинч тиббий ёрдам кўрсатиш бўлими

service des urgences

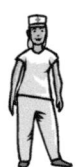

ҳамшира

infirmière

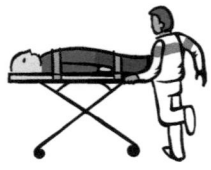

тез ёрдам

urgence

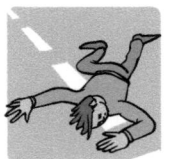

ҳушсизлик

inconscient

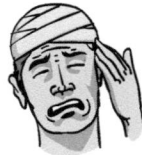

оғриқ

douleur

жароҳат

blessure

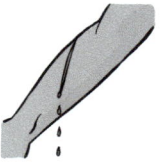

қонаш

hémorragie

юрак хуружи

crise cardiaque

инсульт

attaque cérébrale

аллергия

allergie

йўтал

toux

иситма

fièvre

тумов

grippe

ич кетиш

diarrhée

бош оғриғи

mal de tête

саратон касали

cancer

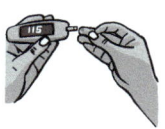

қандли диабет

diabète

жарроҳ

chirurgien

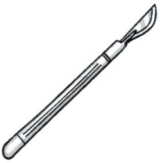

жарроҳ пичоғи

scalpel

жарроҳлик амалиёти

opération

томография

CT

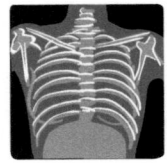

рентген

radiographie

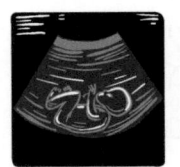

ултратовуш текшируви

échographie

юз ниқоби

masque

касаллик

maladie

қабулхона

salle d'attente

кўлтиқтаёқ

béquille

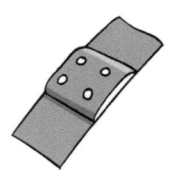

малҳамли пластир

pansement

бинт

pansement

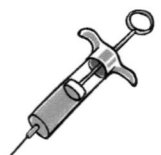

укол

injection

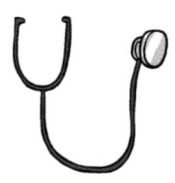

юрак урушини ва ўпкани
эшитиб кўрадиган асбоб

stéthoscope

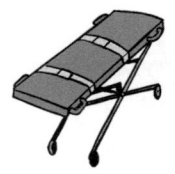

беморлар учун замбил

brancard

термометр

thermomètre

туғруқ

accouchement

семизлик

surcharge pondérale

эшитиш мосламаси

appareil auditif

дезинфекцияловчи восита

désinfectant

инфекция

infection

вирус

virus

ОИВ / ОИТС

VIH / sida

дори

médicament

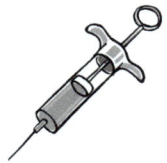

эмлаш

vaccination

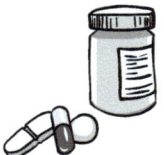

таблетка

comprimés

дори

pilule

тез ёрдам қўнғироғи

appel d'urgence

қон босимини ўлчаш асбоби

tensiomètre

касал / соғлом

malade / sain

Ёрдам беринглар!

Au secours !

тажовуз

assaut

хавф-хатар ишораси

alarme

хужум

attaque

хавф

danger

фавкулодда ҳолатларда
чиқиш эшиги

sortie de secours

биринчи тиббий ёрдам
тўплами

trousse de premier secours

ўт ўчиргич

extincteur

фалокат

accident

Ёнғин!

Au feu!

фалокат сигнали

SOS

полиция

police

Европа

Europe

Шимолий Америка

Amérique du Nord

Жанубий Америка

Amérique du Sud

Африка

Afrique

Осиё

Asie

Австралия

Australie

Атлантик океани

Océan atlantique

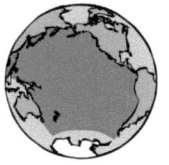

Тинч океани

Océan pacifique

Ҳинд океани

Océan indien

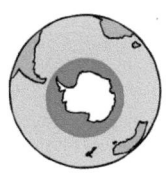

Антарктида океани

Océan antarctique

Арктика океани

Océan arctique

Шимолий қутб

pôle nord

Жанубий қутб

pôle sud

Антарктика

Antarctique

Ер

terre

ўлка

pays

денгиз

mer

орол

île

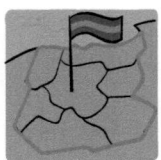

миллат

nation

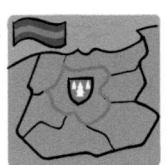

давлат

état

астрономик вақт
кўрсатгичи

cadran

соат мили

aiguille des heures

дақиқа мили

aiguille des minutes

сония мили

aiguille des secondes

Соат неча?

Quelle heure est-il ?

кун

jour

вақт

temps

ҳозир

maintenant

рақамли соат

montre digitale

дақиқа

minute

соат

heure

хафта
semaine

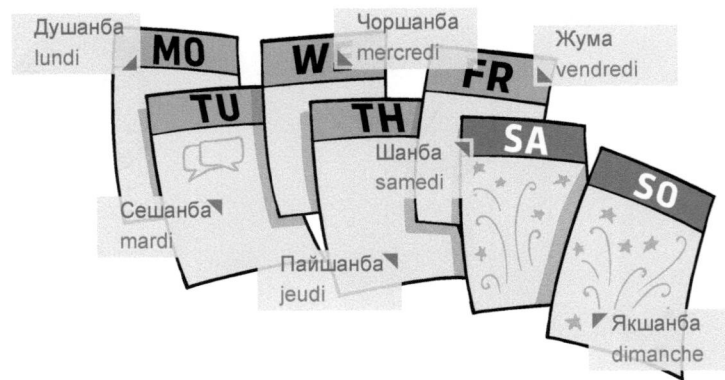

Душанба
lundi

Чоршанба
mercredi

Жума
vendredi

Сешанба
mardi

Пайшанба
jeudi

Шанба
samedi

Якшанба
dimanche

кеча

hier

бугун

aujourd'hui

эртага

demain

эрталаб

matin

пешин

midi

кечкурун

soir

MO	TU	WE	TH	FR	SA	SU
1	2	3	4	5	6	7
8	9	10	11	12	13	14
15	16	17	18	19	20	21
22	23	24	25	26	27	28
29	30	31	1	2	3	4

иш кунлари

jours ouvrables

MO	TU	WE	TH	FR	SA	SU
1	2	3	4	5	6	7
8	9	10	11	12	13	14
15	16	17	18	19	20	21
22	23	24	25	26	27	28
29	30	31	1	2	3	4

дам олиш кунлари

week-end

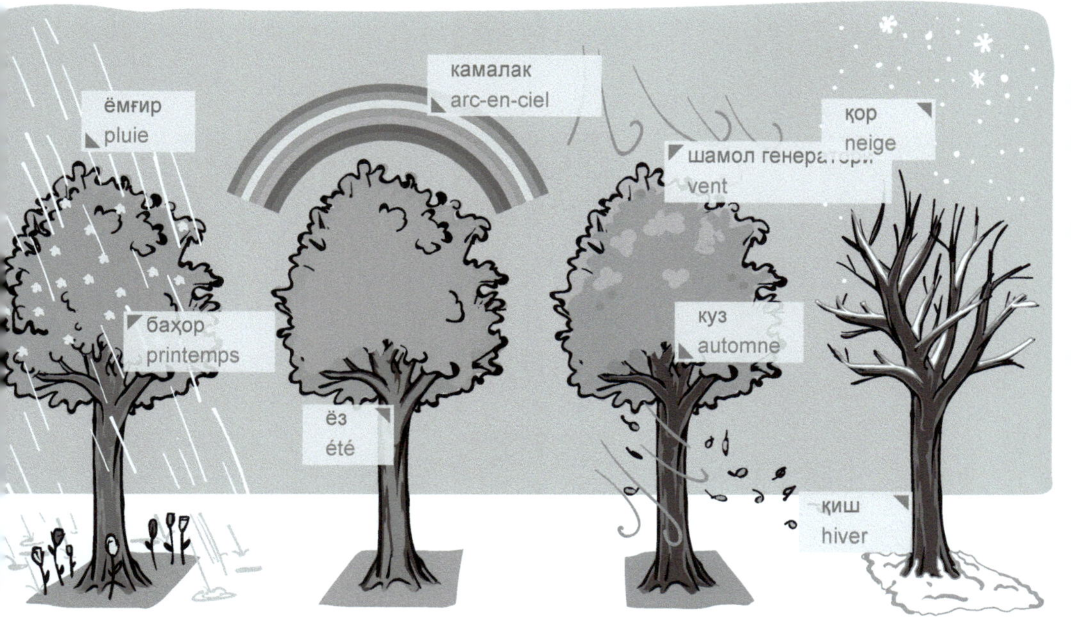

ёмғир
pluie

камалак
arc-en-ciel

қор
neige

шамол генератори
vent

баҳор
printemps

куз
automne

ёз
été

қиш
hiver

об-ҳаво маълумоти

météo

термометр

thermomètre

қуёшли

lumière du soleil

булут

nuage

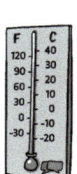

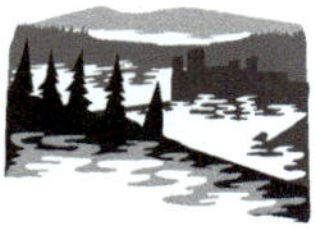

туман

brouillard

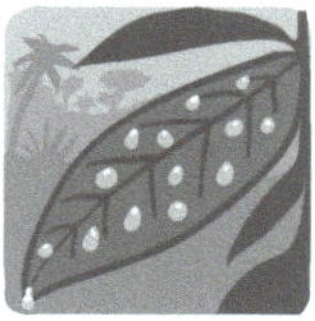

намгарчилик

humidité

чақмоқ

foudre

момоқалдироқ

tonnerre

бўрон

tempête

дўл

grêle

намгарчилик мавсуми

mousson

тошқин

inondation

муз

glace

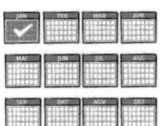

Январь

janvier

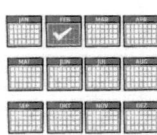

Февраль

février

Март

mars

Апрель

avril

Май

mai

Июнь

juin

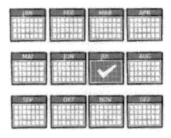

Июль

juillet

Август

août

Сентябрь

septembre

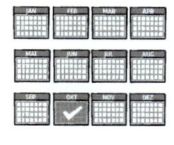

Октябрь

octobre

Ноябрь

novembre

Декабрь

décembre

шакллар

formes

айлана

cercle

квадрат

carré

тўртбурчак

rectangle

учбурчак

triangle

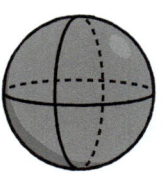

доира

sphère

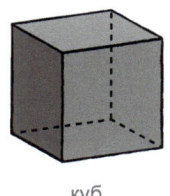

куб

cube

оқ

blanc

сариқ

jaune

сабзи ранг

orange

пушти

rose

қизил

rouge

тўқ қизил

violet

кўк

bleu

яшил

vert

жигар ранг

marron

кул ранг

gris

қора

noir

кўп / оз

beaucoup / peu

ғазабли / хотиржам

fâché / calme

гўзал / хунук

joli / laid

боши / охири

début / fin

катта / кичик

grand / petit

ёруғ / қоронғу

clair / obscure

ака / сингил

frère / soeur

тоза / ифлос

propre / sale

тўлиқ / чала

complet / incomplet

кун / тун

jour / nuit

ўлик / тирик

mort / vivant

кенг / тор

large / étroit

еса бўладиган / еса
бўлмайдиган

comestible / incomestible

ёвуз / хайрли

méchant / gentil

ҳаяжонли / зерикарли

excité / ennuyé

семиз / озғин

gros / mince

биринчи / охирги

premier / dernier

дўст / душман

ami / ennemi

тўла / бўш

plein / vide

қаттиқ / юмшоқ

dur / souple

оғир / енгил

lourd / léger

очлик / чанқов

faim / soif

касал / соғлом

malade / sain

ноқонуний / қонуний

illégal / légal

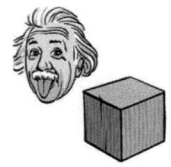

зиёли / калтафаҳм

intelligent / stupide

чап / ўнг

gauche / droite

яқин / узоқ

proche / loin

янги / ишлатилган

nouveau / usé

ҳеч нарса / бир нарса

rien / quelque chose

қари / ёш

vieux / jeune

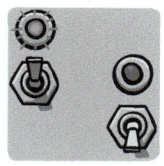

ёниқ / ўчиқ

marche / arrêt

очиқ / ёпиқ

ouvert / fermé

паст / баланд

faible / fort

бой / камбағал

riche / pauvre

тўғри / нотўғри

correct / incorrect

нотекис / текис

rugueux / lisse

хафа / хурсанд

triste / heureux

қисқа / узун

court / long

секин / тез

lent / rapide

нам / қуруқ

mouillé / sec

илиқ / салқин

chaud / froid

уруш / тинчлик

guerre / paix

0

ноль

zéro

1

бир

un / une

2

икки

deux

3

уч

trois

4

тўрт

quatre

5

беш

cinq

6

олти

six

7

етти

sept

8

саккиз

huit

9

тўққиз

neuf

10

ўн

dix

11

ўн бир

onze

12
ўн икки

douze

13
ўн уч

treize

14
ўн тўрт

quatorze

15
ўн беш

quinze

16
ўн олти

seize

17
ўн етти

dix-sept

18
ўн саккиз

dix-huit

19
ўн тўққиз

dix-neuf

20
йигирма

vingt

100
юз

cent

1.000
минг

mille

1.000.000
миллион

million

тиллар
langues

Инглиз

anglais

Америкача инглиз тили

anglais américain

Хитой тилининг Мандарин лаҳчаси

chinois mandarin

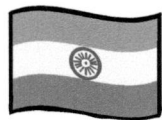

Ҳинд

hindi

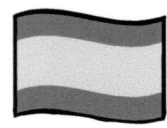

Испан

espagnol

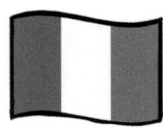

Француз

français

Араб

arabe

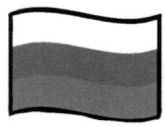

Рус

russe

Португал

portugais

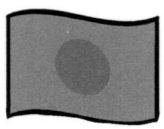

Бенгал

bengali

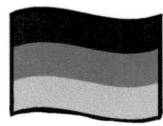

Немис

allemand

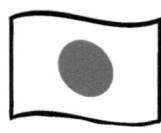

Япон

japonais

Мен

je

Сен

tu

у / у / у

il / elle / ce, c', cela

биз

nous

сизлар

vous

улар

ils / elles

ким?

Qui ?

нима?

Quoi ?

қандай?

Comment ?

қаерда?

Où ?

қачон?

Quand ?

исм

nom

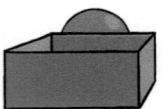

орқада

derrière

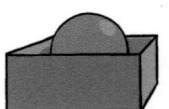

ичида

dans

олдида

devant

узра

au-dessus

устида

sur

тагида

en-dessous

ёнида

à côté de

ўртасида

entre

жой

lieu